UNE VIEILLE GEOLE PARISIENNE

SAINT-LAZARE

PAR A. CALLET

*Car. Leleu. Librorum et Historiæ amicus
me impressit.*

UNE VIEILLE GEOLE PARISIENNE

SAINT-LAZARE

PAR A. CALLET

Car. Leleu. Librorum et Historiæ amicus
me impressit.

Ex-Libris de St-Lazare

A mon petit-fils, Lucien-Richard Callet.
A. CALLET.

SAINT-LAZARE

Dans son immense enceinte, Paris concentre toutes les joies et toutes les douleurs de l'humanité, tous les héroïsmes et toutes les infamies. A côté des palais somptueux consacrés aux joies, aux plaisirs, à l'art, au culte du Beau, les musées, les théâtres, les bals, les asiles où l'on pleure, les hôpitaux où l'on souffre, les prisons où l'on peine. A côté du Paris pimpant, chatoyant, brillant, paré, éclatant de lumières, amoureux de luxe et de fêtes joyeuses, le Paris dolent et misérable qu'angoisse la douleur, qu'étreignent la misère et la faim. « Dans cet océan sans fonds, dit Balzac, il s'y rencontre à côté des perles, des monstres. » Mais de plus en plus ce creuset merveilleux où tout s'affine, tend à rejeter au loin ses impuretés et ses scories.

Tandis que, par un mouvement lent, mais ininterrompu, depuis sa formation, le Paris riche et aristocratique s'avance toujours vers l'Ouest, la Cité, de plus en plus, repousse hors de ses murailles, dans sa banlieue du Midi et du Nord, dans ces plaines arides, lépreuses de misère, sans verdure, bossuées de gravats, hérissées de cheminées d'usines aux panaches sulfureux ou noirs, dans ces champs livides, tout ce qu'on pourrait appeler ses *communs*, ses organes vils, ses voieries, ses hôpitaux, ses abattoirs, ses prisons, comme les glaciers qui, selon le mot de V. Hugo, « ont je ne sais quelle chasteté grandiose et, d'un mouvement insensible, mais irrésistible et continu, rejettent sur leurs moraines les blocs erratiques ».

Aujourd'hui, c'est au tour des prisons à émigrer hors murs; le Conseil général de la Seine ayant entrepris l'œuvre de leur réorganisation sur de nouvelles bases et de leur transport en dehors de l'enceinte. On a démoli Mazas et Sainte-Pélagie que remplace, sur le plateau de Villejuif qui domine la Bièvre, la prison colossale et modèle de Fresnes-les-Rungis qui comprend 2.000 cellules. Le plan de cette prison nouvelle a été conçu, d'après l'inspiration du Conseil, et partant de cette donnée que la peine, tout en châtiant le coupable, ne doit ni l'abrutir, ni le déprimer moralement et physiquement en le rejetant dans la vie, anémié, aigri, farouche, impropre à tout travail et bon pour l'hôpital ou une nouvelle prison, mais lui laisser, au jour de la libération, la force de gagner sa vie et de se réhabiliter.

Paris se trouve placé, au point de vue pénitentiaire comme au point de vue hospitalier, dans des conditions spéciales. Il est le centre — Eldorada ou Maëlstrom — vers lequel convergent ou sont attirés tous les déclassés, les miséreux, les irréguliers, les tarés, les ruffians qui espèrent y faire fortune par tous les moyens ou y cacher, dans l'immense tourbillon, les fautes et les ruines d'antan.

Le Conseil général de la Seine a décidé que Saint-Lazare sera démoli et ira rejoindre, sous la poussière des choses mortes, Mazas et Sainte-Pélagie. Mais il faudra attendre que la commission extra-parlementaire du *Régime des Mœurs* ait statué pour décider du sort de Saint-Lazare, et il est probable que, dans un temps prochain, la vieille prison « couleur de boue », comme l'appelle Alfred de Vigny dans *Stello*, tombera sous la pioche qui en fera jaillir une envolée de souvenirs comme un heurt d'airain fait envoler des essaims d'abeilles.

Il y avait là, dès l'an de miséricorde et grâce 1110, dominant Paris, au bord du

Le peuple faisant le Sac de la Maison-St-Lazare, le 13 juillet 1789 (reproduction d'une gravure du temps)

rû de Belleville, un hôpital de lépreux, construit sur l'emplacement d'une vieille basilique dédiée à saint Laurent et d'un antique moustier dont parle Grégoire de Tours et qui fut dévasté par les hordes normandes. A leur retour de la deuxième croisade, les soldats de la Croix avaient rapporté la peste et la lèpre ; ces maladies horribles épouvantèrent tellement le populaire de Paris, de tout temps si impressionnable, qu'on fit par toute la ville une criée à son de corne et à son de trompe pour donner ordre aux ladres de se « bouter hors des murs ».

La femme de Louis le Gros fit bâtir la léproserie qui n'était qu'un assemblage de huttes en pisé et en torchis, à demi creusées en terre et entourées d'une muraille basse. Au lieu d'installer, comme aujourd'hui, les hôpitaux en lieu élevé et salubre, fouetté du plein air, on les enterrait profondément ; c'étaient des cabanons où le jour et l'air n'arrivaient que par le haut. La reine affecta à cette fondation la concession de certaines foires qui se tenaient aux abords de la basilique de Saint-Laurent.

En face, sur le côté droit de la voie montueuse qui escaladait le premier soulèvement de la colline de Montmartre, s'élevait un petit pavillon, le *Logis du Roi*, où de tradition le roi de France s'arrêtait quand il allait solennellement prendre l'oriflamme à Saint-Denis pour entreprendre une grande chevauchée contre ses vassaux rebelles ; il s'y arrêtait une seconde fois quand il allait dormir son dernier sommeil sous les cryptes de la vieille basilique dyonisienne.

Les ladres de Saint-Lazare, qui devaient tous être « issus d'un légitime mariage et nés entre les quatre portes de la ville », venaient, en vertu d'une coutume pleine d'enseignements, jeter un à un l'eau bénite sur la dépouille royale « déposée entre les deux portes ».

Au seizième siècle, le relâchement s'était introduit dans cet hôpital qui ne recevait plus guère de lépreux mais des gens qui, pour échapper à l'impôt et à la capitation si durs alors, se disaient *ladres*; de là la synonymie de ladre et d'avare. Les prêtres chargés de le desservir, selon l'habitude d'alors, envahirent les revenus et gaspillèrent les fondations.

Pillée, dévastée, saccagée par les Anglais, la léproserie fut remise aux chanoines de Saint-Victor, mais des irrégularités dans l'emploi des aumônes destinées à « l'entretènement et à la nourriture des pauvres ladres » amenèrent l'intervention du Parlement qui ordonna aux religieux d'employer au moins le tiers de leurs revenus à l'entretien de l'hôpital. En 1632, la maison était en pleine décadence, lorsqu'elle fut donnée aux prêtres de la Mission qui venaient d'être institués par saint Vincent de Paul. Elle devint le chef-lieu de cette congrégation célèbre qui alla par tout le monde évangélisant et prêchant les infidèles, toutefois on imposa au fondateur de l'Institut l'obligation de recevoir les lépreux qui étaient encore, à cette epoque, très nombreux à Paris.

De sa rude et forte main, cet homme, qui fut sublime dans le bien, régénéra la maison et y imprima sa puissante empreinte. Lorsque les Espagnols, après la prise de Corbie, menacèrent la capitale, l'énergique patriote, à l'appel de Richelieu, fit de Saint-Lazare la place d'armes, le boulevard de Paris ; en huit jours, soixante-douze compagnies levées parmi les domestiques et apprentis furent armées, exercées et prêtes à partir au-devant de l'ennemi.

C'est de cette petite cellule froide et triste qu'il conçut et organisa cette œuvre admirable des *Enfants assistés*, de ces misérables épaves de l'amour qui mouraient par milliers aux marches des églises. C'est de là qu'il écrivit ces sermons et ces lettres d'un style si poignant et si sobre où, en présence des misères de la Fronde et de l'insouciance de la Cour, il flagelle si énergiquement les vanités, les prodigalités et les avidités des grands.

C'est sur cette marche de pierre, usée à moitié, qu'il s'agenouillait pour demander au ciel de l'inspirer et de le soutenir dans cette œuvre immortelle de *Grand aumônier de France*.

Saint Vincent de Paul mort, les Lazaristes bénéficièrent de la gloire du bienheureux, ils agrandirent considérablement la maison et la transformèrent en une « retraicte honneste et chrétienne » où ils formaient, par des lectures édifiantes, des pratiques pieuses, à la continence et à la vertu, les fils de famille dont les parents voulaient réprimer les écarts d'une exubérante jeunesse.

Ils construisirent ces édifices conventuels que nous voyons encore aujourd'hui, d'un aspect si dur et si sombre, si régulier et si sévère, et qui sont de la même époque que la Sorbonne dont on a démoli, il y a quelques années, la vieille cour de si haut caractère, avec ses bâtiments aux toits aigus d'une élégance austère et sobre.

Les architectes laissèrent intactes les fondations de l'ancienne léproserie. Il y a quelques années, en creusant pour l'établissement d'un calorifère, on mit à jour, dans le vieux tuf gallo-romain, des anciennes cryptes aux arceaux élégants, aux nervures délicates. Au bout de la crypte profonde, à ras du sol, une trappe de fer ferme un trou béant où l'on descend par des marches gluantes et rompues. Une odeur fade de marécage vous prend à la gorge, on entend clapoter l'eau noire.

Vue actuelle de la Prison St-Lazare, rue du Faubourg-St-Denis

C'est le ru canalisé qui descend à la Seine. Chapelle fut enfermé, par ordre paternel, dans la « retraite » des bons Pères ; mais son exemple et son impénitence finale montrent de combien petite vertu étaient la discipline et la correction lazaristes.

C'est à la maison Saint-Lazare, sous la férule de fer gantée de velours de ces directeurs de consciences perverties, que l'abbé Prévost fait enfermer l'aimable *Des Grieux* qui, rêvant aux folles caresses de l'adorable *Manon*, écoutait d'une oreille distraite les sermons et les homélies du séminariste Tiberge qui tant assommaient Musset !

A la veille de la Révolution, Beaumarchais y fut conduit sur un mot du roi, écrit au dos d'une carte à jouer, pour le punir des hardiesses immortelles qu'il s'était permises à l'égard des grands dans le *Mariage de Figaro*. Il n'y resta d'ailleurs que trois jours ; un mouvement d'opinion très violent se prononça en sa faveur parmi le peuple de Paris, dans l'âme duquel grondait déjà le tonnerre prochain de la Révolution.

La veille de la prise de la Bastille, au matin, — l'effroyable misère des campagnes ayant rabattu de toutes parts des troupeaux d'affamés sur Paris — d'après un bruit qu'il y avait du blé à Saint-Lazare, la foule y court et trouve d'abondants *harnois de gueule* que les bons Pères avaient entassés. On transporta le tout aux Halles, après avoir quelque peu défenestré les meubles et donné la volée aux prisonniers.

La Révolution fit de Saint-Lazare une prison.

C'est dans la « Maison Lazare » qu'André Chénier écrivit l'élégie de la *Jeune Captive*, hymne à la toute charmante Mlle de Coigny, avec laquelle il ébaucha un amour tendre et qui, « échappée aux réseaux de l'oiseleur cruel », divorça à la suite d'un procès célèbre.

Quatre cents suspects que le Comité de salut public semblait oublier étaient entassés dans ces bâtiments gris et sales, aux barreaux épais entourant des cours sinistres, d'où rarement, du haut des toits, le soleil jette un rayon triste. L'invocation de Chénier au

.....poignard, seul espoir de la terre,

ses brûlantes apostrophes aux

.....bourreaux, barbouilleurs de lois,

vinrent rappeler au Comité et aux triumvirs l'imprudent poète.

C'est de ce sombre corridor de gauche qu'a immortalisé *Muller* dans son romantique tableau de l'*Appel des condamnés*, que, dans la lugubre charrette, aux chaînes retentissantes, éclairée de falots aux lueurs sanglantes et fumeuses, par une orageuse soirée de thermidor, partit avec Boucher, le fade poète des *Mois*, André Chénier, pour aller, à l'avant-veille du jour de la délivrance, à la guillotine, où ce *qu'il avait là* s'enfuit avec son sang.

Les lieux n'ont pas changé ; c'est bien toujours le sombre porche, les hautes mansardes, la porte cochère énorme et trapue, aux vantaux martelés de clous, donnant accès dans une cour, aux pavés encadrés d'herbe, et barrée en deux par un haut mur. Ce sont encore les mêmes corridors longs et froids, aux dalles cassées, aux portes épaisses percées de guichets grossiers, les lourds piliers supportant les plafonds aux poutrelles serrées, enfumés et noircis, les larges escaliers cirés aux balustres massifs, aux marches de calcaire bleuâtre usées par le battement des galoches des prisonniers.

A côté du Dépôt, cette antichambre, autrefois de la mort, que le tableau de Muller a agrandi et dramatisé, se trouve un endroit sinistre, aux vitres épaisses, aux murs rongés de nitre et lépreux d'humidité ; dans un coin, une auge énorme, pleine d'eau croupie. C'est là où l'on fustigeait jadis les faiseurs de libelles. Ce cachot lugubre de basse geôle a gardé le nom de *casse-gueule*.

A quelques pas, au bas de quelques marches, un trou noir éclairé par son soupirail grillagé, c'est le *cachot des Aînesses*, où les fils de famille qui n'avaient pas voulu se soumettre à la règle austère « de redressement et de pénitence », allaient expier leurs tapageuses fredaines et leur mépris des hypocrisies et des conversions feintes.

Les préaux, sur lesquels s'ouvrent les portes basses des anciennes cellules des Lazaristes dont les pluies n'ont pu encore laver les numéros, enchâssés dans les hautes murailles, sont glacials; au milieu, une énorme fontaine de pierre qu'entourent quelques acacias malingres et où pleure l'eau d'un robinet.

Au-dessus de la porte, encore peint des couleurs nationales, se voit le vieux cadran portant sa devise de mort : *Hæc mea, forte tua*, et au fronton d'un autre portail, la vieille horloge qui sonne l'heure aux damnés de cet enfer où l'aiguille

...pose sur l'émail brillant,
Dans les soixante pas où sa course est bornée
Son pied sonore et vigilant.

L'apothiquairerie avec ses vases aux formes antiques, la lingerie, ont bien gardé le caractère d'autrefois. L'atelier des détenues de droit commun était jadis la vieille chapelle des Lazaristes; elle a été bien dégradée, on reconnaît encore la forme de l'abside et les voûtes d'une solidité superbe. La chapelle moderne est contiguë, c'est un bâtiment d'une laideur officielle ; l'autel, dominé par une statue médiocre de saint Vincent

L'appel des dernières victimes de la Terreur
D'après le tableau de Ch. L. Muller (musée de Versailles).

de Paul, est élevé de six marches. En bas, des bancs barbouillés de couleur jaune, réservés aux condamnées de droit commun ; en haut, aux tribunes, les prévenues et les condamnées administratives. Derrière l'autel, une copie de la *Madeleine de Prud'hon*. Dans un campanile, une cloche blanche, d'argent pur, dit-on, tinte les *Angelus* et les heures des offices.

Tous ces bâtiments sont entourés d'un large chemin de ronde ou bordés de bâtisses qui servent de magasins de vêtements et de lingerie pour toutes les prisons de la Seine. A la lingerie, on confectionne les camisoles de force en toile à voile pourvues de sept courroies et destinées à mater les furieux, et les suaires en toile grossière dont on enveloppe les morts. Là aussi se trouvent les fours où l'on boulange pour toutes les prisons du département, et cela en vertu d'une bien curieuse tradition qui remonte à sept ou huit siècles, à l'époque où Saint-Lazare était un hôpital de pestiférés. Les boulangers ayant remarqué qu'ils étaient plus exposés que les autres artisans à contracter la lèpre, probablement à cause de l'action du feu sur la peau, faisaient à la léproserie d'abondantes aumônes de pain, et celle-ci, par réciprocité, recevait tous les boulangers atteints de cette cruelle maladie.

Au fond, un jardin triste et vide, planté de vignes grimpantes, de lilas étiques, d'acacias et de sycomores d'un vert gris et terne : c'est le lieu de récréation des nourrices, car, à Saint-Lazare, il naît chaque année une cinquantaine de pauvres bébés. Cette *nursery* en plein air jette dans ce triste refuge une note attendrie.

Non loin, la Morgue, petit bâtiment bas entouré d'un mur à hauteur d'appui, meublé seulement de trois dalles de pierre, où on expose les corps, et d'une table de fer pour la dissection; dans un angle, le brancard et la bière communs.

On enferme à Saint-Lazare toutes les femmes, sans exception, quel que soit le délit ou le crime qu'elles aient commis. Malgré les règlements et les séparations, il y a, dans une promiscuité fâcheuse et dangereuse, la voleuse de profession, la bonne infidèle, la femme délaissée qui a tenté de se venger, la marchande des quatre-saisons qui a contrevenu aux règlements, les filles soumises.

Chaque jour, dans la cour d'entrée, les « paniers à salades » qui viennent du Dépôt vident leur contenu. Les gardiens font la haie et, une à une, descendent toutes ces femmes sur qui dame police a mis sa rude main, quelques-unes en toilettes tapageuses, d'autres en haillons sordides. Dans le parloir, une religieuse de *Marie-Joseph* fait le tri.

Les détenues administratives gardent leurs hardes, mais s'encapuchonnent du bonnet noir de la prison. La plupart ont sur leur figure, insignifiante et niaise, un sourire d'inconscience; quelques-unes ont l'air dur et révolté; d'autres, hypocrite et sournois. Presque toutes portent dans leur regard le souvenir farouche des errances lugubres et des désespérances maudites.

L'aspect est étrange, dans les longs couloirs sombres, de ces longues théories de femmes marchant silencieusement en file indienne, escortées des religieuses de *Marie-Joseph*, calmes et graves, dans leurs longs vêtements de laine, sous leur triple voile blanc, bleu et noir — *œs triplex*.

Parmi ces filles au front bas, à l'air insolent ou épais, quelques fillettes, poussées sur le fumier parisien, pauvres brebiettes égarées dans cet horrible bercail, au teint de chlorotique ravivé par des yeux chercheurs, charmantes sous la coiffe brune de leur petit béguin ; elles font penser à la pauvre et adorable Manon.

Va-t-elle tomber toute entière, cette vieille geôle dont le nom sonne comme un glas sinistre dans laquelle la lèpre du Nouveau-Monde a succédé à celle de l'Orient, qui a renfermé tant de misères, de douleurs et de révoltes ?

Ne va-t-on pas garder une partie de ce *vieil logis* qui tient une place à part dans les vieilles annales parisiennes, à chaque pierre duquel s'accroche un lambeau de notre histoire ? Qu'on en fasse un musée d'hygiène, un musée pénitentiaire, mais qu'on ne vienne pas encore, nous jeter bas ces corridors, ces geôles hantés des souvenirs de jadis.

Que la Commission du *Vieux-Paris*, que les *Amis des Monuments parisiens* jettent un cri d'alarme.

www.ingramcontent.com/pod-product-compliance
Lightning Source LLC
Chambersburg PA
CBHW071437060426
42450CB00009BA/2213